L'ASSEMBLÉE NATIONALE

DE 1848

AURAIT-ELLE LE DROIT

DE CONSTITUER UNE MONARCHIE?

NON!

DE LA SOUVERAINETÉ DU PEUPLE.

QUELQUES MOTS SUR LA RÉVOLUTION.

PAR

ERNEST PERROT DE CHEZELLES

Le gouvernement républicain est celui où le peuple en corps ou seulement une partie du peuple a la souveraine puissance.

Lorsque dans une république le peuple en corps a la souveraine puissance, c'est une démocratie.
MONTESQUIEU.

Quelle est donc la destinée du genre humain? Presque nul grand peuple n'est gouverné par lui-même. VOLTAIRE.

PRIX : 15 CENTIMES.

PARIS

COMPTOIR DES IMPRIMEURS-UNIS,

— Comon et Cᵉ —

QUAI MALAQUAIS, 15

—

1848

Dans quelques semaines l'Assemblée nationale constituante va être appelée à donner à la France une constitution nouvelle et définitive ; il est donc d'une grande importance d'examiner sérieusement quels sont ses droits, et de chercher à résoudre cette question déjà débattue dans la presse :

La majorité de cette Assemblée aurait-elle le droit de déclarer que le gouvernement qu'il s'agit de fonder sera un gouvernement monarchique, ou bien sa mission et son mandat seront-ils seulement de constituer la république ?

Des réponses contradictoires ont été faites à cette question. On a pu remarquer que malheureusement elle a été en général examinée avec passion, et que la discussion qu'elle a soulevée a donné lieu à des paroles provocantes qui l'ont envenimée.

Pour moi, je me propose de l'examiner froidement, au point de vue de la théorie pure et de la logique.

Cette méthode de discussion, je le sais, a peu d'attraits pour le lecteur, mais elle est plus sûre.

En écrivant ces lignes je ne cherche à passionner personne ni contre l'opinion ni pour l'opinion que je veux soutenir.

Dans les temps révolutionnaires comme celui où nous sommes en ce moment il y a toujours trop de passion dans les débats politiques : et combien de périls auraient été écartés dans le passé si cette vérité avait été toujours présente à ceux qui ont eu à résoudre ces grands problèmes dont l'étude et la discussion ont tant ébranlé le monde depuis soixante ans, tant agité notre belle patrie, et coûté à ses enfants tant de sang et de larmes !

On a dit que l'Assemblée nationale en constituant une monarchie n'excéderait pas la limite de ses droits.

Cette assertion, je la crois erronée et j'espère le prouver.

En fait, je ne pense pas avoir besoin d'insister sur ce point ; agir ainsi, ce serait de la part de l'Assemblée constituante une faute grave : tout le monde a reconnu, du moins tout haut, que la république est dans l'état présent de la France une nécessité impérieuse.

Si tous ne l'acceptent pas avec un égal transport, si pour quelques-uns elle semble n'être qu'un pis-aller, aucuns ne songent, je l'espère, à l'attaquer sérieusement.

Je ne suis pas de ceux qui considèrent la république comme

un fait accompli qu'il faut à toute force, et quoi qu'il en coûte, accepter aujourd'hui, je la regarde comme un droit absolu.

Le principe de la souveraineté du peuple admis et pratiqué, il me paraît clair que logiquement le gouvernement républicain est le seul qui puisse être institué.

Comment admettre en effet qu'une Assemblée, issue de la souveraineté du peuple, peut, en décrétant la monarchie, porter à ce principe, dont elle émane, l'attaque la plus rude et la plus directe, l'aliéner, le détruire, ou du moins l'amoindrir sensiblement?

Comment admettre que le droit de souveraineté du peuple peut aller jusqu'à anéantir ce droit imprescriptible des nations libres, et mûres pour la démocratie?

Une objection assez spécieuse a été faite au système que j'ai pris à tâche de défendre dans la mesure de mes forces.

Elle m'a aussi été opposée dans des discussions particulières; on m'a dit :

Hé quoi! c'est vous, démocrate, vous, partisan et défenseur déclaré de la souveraineté du peuple, c'est vous qui refusez à une Assemblée, née de l'application de ce principe, l'omnipotence la plus absolue, le droit de déterminer sans restriction aucune la forme du gouvernement qui sera donné à la France! Cette assemblée n'est-elle pas souveraine, son droit sans limites?

Non, je n'hésite pas à le dire, non, son droit n'est pas sans limites.

Oserait-on prétendre qu'une telle assemblée pourrait décider, par exemple, que le gouvernement qu'il s'agit de fonder sera un gouvernement despotique?

Personne n'oserait assurément le soutenir !

L'Assemblée nationale constituante pourrait-elle décider que nous aurons un gouvernement, une république aristo-cratique, et remettre ainsi en question les droits méconnus jusqu'alors que nous avons conquis en 89 et en 93 ? Évidemment, non !

Il y a donc une limite à son droit. Où est cette limite?

Selon moi, l'Assemblée ne pourra fonder aucun gouvernement qui, par sa forme, porte une atteinte quelconque à la souveraineté du peuple.

Donc elle ne pourrait même fonder ce qu'on est convenu d'appeler une monarchie tempérée. Un tel acte serait contraire à son principe même, principe qu'elle doit d'abord respecter et qui ne peut l'être complétement dans une monarchie si constitutionnelle qu'on la fasse.

En effet, l'essence de la monarchie n'est-elle pas d'être héréditaire? ou, au moins, le pouvoir du monarque, du roi, peut-il être moindre qu'un pouvoir à vie?

Non, sans doute !

Ceci posé, je dis que l'Assemblée, que le peuple lui-même réuni en comices ne pourrait fonder une monarchie.

Il le pourrait évidemment en fait, mais non en droit.

De quel droit ce peuple aujourd'hui souverain imposerait-il donc ses volontés par un tel acte au peuple, qui sera souverain demain, dans cinq ans, dans dix ans, dans vingt ans, à ses enfants qui un jour revendiqueront à leur tour l'exercice de cette souveraineté dont leurs pères les auraient dépouillés?

Il est bien entendu que je ne prétends pas que le peuple

doive être appelé tous les jours, à chaque instant, à exercer sa souveraineté, mais il me paraît de toute évidence que pour que son droit subsiste dans la pratique, il faut qu'il en use avec une certaine périodicité, tous les cinq ans par exemple.

Or, il est tout à fait contraire au principe de la monarchie d'admettre que cinq ans après son établissement le peuple pourrait, par l'organe de l'Assemblée nationale, en décréter l'abolition. Cette opinion est insoutenable, et cependant on arrive à la conséquence absurde que je viens de signaler, en acceptant le parallélisme de la monarchie et de la souveraineté du peuple. Si nous fondions en 1848, nous peuple souverain, une monarchie héréditaire ou élective (et dans ce dernier cas tout le monde tombera d'accord que le roi serait inamovible, autrement ce ne serait pas un roi), que ferions-nous du droit de nos descendants, du nôtre même, ne serions-nous plus souverains en 1858, par exemple? et trompés comme nous le serions encore, je n'en doute pas, par un nouvel essai de monarchie, que nous resterait-il à faire? A reconquérir encore une fois au prix du sang ce droit impérissable dont nous nous serions dépouillés nous-mêmes!

Rétablir la monarchie ce serait une immense imprudence, un appel dans l'avenir à des révolutions nouvelles.

Bien coupables seraient les hommes qui agiraient ainsi, bien terrible la responsabilité qu'ils assumeraient sur eux!

Voudraient-ils démontrer une fois encore la justesse de ces tristes paroles de Voltaire :

« Quelle est donc la destinée du genre humain? Presque « nul grand peuple n'est gouverné par lui-même. »

Non, ce n'est pas à cette heure si pleine de grands présages pour les destinées de la France et l'avenir de la démocratie dans le monde, que je puis admettre même un instant une telle hypothèse. Non, elle ne se réalisera pas. Dieu veille sur la France!

Le principe de la souveraineté du peuple admis et proclamé, il n'y a, je le répète, qu'une forme de gouvernement qui soit possible, le gouvernement républicain.

Ainsi pensait Montesquieu comme l'attestent ces lignes de l'*Esprit des Lois :*

« Le gouvernement républicain est celui où le peuple en « corps ou seulement une partie du peuple a la souveraine « puissance.

« Lorsque le peuple en corps a la souveraine puissance « c'est une démocratie. »

En France, au milieu du XIX⁰ siècle, c'est bien le peuple en corps qui a la souveraine puissance.

Une assemblée émanée de ce principe de souveraineté ne peut donc qu'établir et fonder une république et une république démocratique.

Pénétré de ces principes, ce n'est pas, je l'avoue, sans surprise que j'ai vu soutenir l'opinion que je combats par un assez grand nombre d'hommes éclairés, et, je veux le croire, sincèrement républicains.

Mais j'ai remarqué que parmi eux on ne compte guère que des républicains de fraîche date.

Si je fais cette observation, ce n'est pas, je l'affirme, pour incriminer leurs intentions, c'est qu'il m'a paru que cette erreur, erreur fondamentale selon moi sur la plus haute question de droit politique du temps présent, ne pouvait être née que de l'éblouissement causé à ces hommes par le grand événement qui vient de s'accomplir. Ils s'étaient endormis monarchistes et se sont réveillés républicains. Il en est parmi eux qui, se frottant encore les yeux, se demandent s'ils sont éveillés ou s'ils rêvent.

On ne modifie pas en un jour les opinions de toute sa vie, et de quelque bonne foi que l'on reconnaisse ses erreurs, on ne peut pas faire que des ténèbres profondes soient en un instant éclaircies et dissipées.

Quant à ceux qui soutiennent la thèse que je viens de combattre avec une arrière-pensée monarchique et contre-révolutionnaire, et qui républicains désolés chantent *la Marseillaise* du bout des lèvres, quand au fond du cœur ils fredonnent encore le *Vive Henri IV* de 1815 ou *la Parisienne* de 1830, qu'ils tiennent pour certain, et ce n'est point une provocation que contiennent ces paroles, qu'ils tiennent pour certain que la royauté est à jamais morte en France, que nous ne voulons pas recommencer ces fatales expériences de dynasties se succédant les unes aux autres, dont les représentants tous les quinze ou vingt ans se rejoignent sur la terre d'exil.

Tous ceux qui ont préparé ce sublime réveil de la liberté et de la démocratie, comme ceux qui y ont applaudi du fond de l'âme, sont prêts à combattre pour elles (que Dieu écarte de notre patrie ce malheur!), prêts à mourir pour elles et, si elles doivent périr, à s'envelopper dans leur linceul. — Si, maintenant, on me demande ce que feront ceux qui partagent mes opinions, et moi-même dans le cas où la majorité de l'Assemblée constituante décréterait librement la monar-chie, et si je pense qu'il faudrait, comme on l'a dit, la mitrailler et la jeter à l'eau, je répondrai d'abord, et je suis trop jeune et trop obscur pour parler autrement qu'en mon nom seul, je répondrai que je n'admettrai qu'à la dernière extrémité que l'Assemblée qui va s'ouvrir puisse commettre une telle folie politique.

Si cette hypothèse dans laquelle il y a du sang se réalisait, je ne trouverais pas de trop énergiques protestations à faire contre un tel acte. J'en appellerais à Dieu et à l'avenir, comme je le faisais sous le gouvernement déchu, et je ne douterais pas que les principes que bien jeune j'ai embrassés ne dussent triompher encore une fois. — J'en appellerais à Dieu et à l'avenir, et comment ne pas croire à Dieu et à l'avenir, quand résonnent encore les chants de victoire de ce peuple de Paris, défenseur et conquérant providentiel des droits et des libertés humaines !

Non, la république fondée, établie par ce soldat de l'idée ne périra pas; ses bras sauront la défendre contre la violence si l'attaque est violente et armée, sa raison contre les sophismes si on veut la détruire par des sophismes! La république est l'instrument de la démocratie, c'est à ceux qui veulent son développement complet et régulier à faire en sorte qu'il ne soit pas brisé dans leurs mains.

Dévoué depuis longtemps déjà, ceux qui me connaissent le savent, à cette cause que je considère comme une cause sainte, je ne serai pas le dernier à la défendre, je sais que si faible et si petit que l'on soit par le talent on trouve encore des forces dans une conviction ferme et réfléchie.

Je ne veux pas jeter la plume sans dire ce que j'entends par ces mots république et démocratie; ce que j'espère et ce que j'attends de la glorieuse révolution de février. — J'entends par république, non pas le gouvernement du peuple par le peuple, mais le gouvernement du peuple par ses représentants.

Par démocratie, la satisfaction, dans les limites du possible, de tous les droits et de tous les intérêts moraux et matériels ; la moralisation et l'éducation du pauvre ; l'application complète de cette magnifique devise : *Liberté, Égalité, Fraternité.*

Je ne suis pas de ceux qui pour se rendre populaires promettent à nos frères qui souffrent, la réalisation de ce beau rêve qu'ils appellent le bonheur universel.

Personne ne souhaite plus ardemment que moi qu'il se change en réalité ; mais je pense que si jamais il doit être donné aux hommes de le voir s'accomplir, ce ne sera pas à ceux qui, travailleurs du marteau, de la charrue ou de la plume, arrosent aujourd'hui la terre de leurs sueurs.

Je pense qu'en politique comme dans la vie privée il n'est pas sage de promettre ce qu'on n'est pas certain de pouvoir tenir, et que déjà plus d'un hardi théoricien aux prises avec les difficultés de la pratique a pu reconnaître combien cette vérité est incontestable.

Je n'affirme rien à ce sujet sur l'avenir que la Providence réserve aux enfants de nos enfants, je crois au progrès, je suis avec ceux qui pensent que l'humanité marche non pas en cercle mais en avant, que c'est Dieu qui la guide et qu'il n'est donné à personne de pouvoir fixer le point précis où elle devra s'arrêter.

Et quel chemin n'a t-elle pas fait depuis quelques semaines !

Sans doute, il serait puéril et imprudent de le nier, cette grande révolution en nous apportant la liberté avec ses grandeurs et ses bienfaits nous l'apporte avec ses périls.

Nous aurons de grands obstacles à surmonter avant d'assurer, comme on l'a dit, l'ordre dans la liberté.

Mais nous n'aurons l'ordre qu'en fondant et en réglant la liberté; nous n'aurons l'ordre que par la liberté; si nous voulons l'étouffer, la comprimer, elle fera effort pour s'épandre, et c'est le désordre qui sortira de cette compression même.

Surtout gardons-nous du découragement!

N'est-elle pas déjà comme un gage de victoire, la mâle confiance dont est animé le soldat qui marche à l'assaut d'un pas intrépide! Oui, la liberté a ses périls! Mais n'imitons pas ces hommes qui tenaient depuis tant d'années notre France courbée sous la peur des grandes idées. Ils en avaient si peur qu'ils s'étaient efforcés de cacher sous des mots qui inspirassent l'aversion publique les plus nobles sentiments, les instincts les plus généreux.

Ils avaient peur d'une liberté complète et l'appelaient licence.

Peur de la démocratie, et ils l'appelaient démagogie.

Peur de l'égalité politique, et ils l'appelaient anarchie.

Peur du peuple, et ils disaient la populace.

Peur même du mot de patrie, parce qu'il contient en lui ces susceptibilités nationales, qu'un peuple n'abdique pas sans abdiquer en même temps une partie de son indépendance vis-à-vis de l'étranger; ils disaient le pays, ce n'était point assez, ils avaient affublé ce mot d'une épithète égoïste, et ils disaient le pays légal.

Nous, nous disons : liberté, démocratie, fraternité, peuple, égalité, patrie.

Nous aimons ces grands mots, nous les inscrivons dans nos cœurs et sur nos bannières, parce qu'ils renferment de grandes idées.

Pour arriver à toutes les conséquences qu'ils contiennent, nous aurons de rudes épreuves à traverser, il faut le reconnaître ; mais si le sentier est difficile, ayons toujours devant les yeux la grandeur du but que nous voulons atteindre ; nous y marcherons d'un pas ferme et résolu.

A toutes les grandes époques, toutes les fois que l'humanité secouant les langes de la barbarie et de la superstition a fait effort vers son affranchissement définitif des préjugés et des tyrannies, il s'est rencontré des hommes, prophètes de malheur, qui, les regards constamment tournés vers le passé et voyant, pour ainsi parler, le monde et les choses à rebours, ont voulu arrêter, par des prédictions sinistres, la marche triomphante de l'humanité.

Aujourd'hui encore quelques-uns disent que les malheurs de 93 vont renaître, et que peut-être il y a parmi nous, démocrates sincères et déterminés, des hommes qui voudraient donner à la statue de la Liberté l'échafaud pour piédestal.

Pour moi, qui n'ai jamais insulté aux hommes de 93, qui plus d'une fois les ai défendus en expliquant leur conduite, qui souvent me suis indigné des imprécations que la rancune des partis vaincus jetait à ces hommes qui, pour le triomphe de leurs idées, n'ont pas seulement donné leurs vies, mais qui (sacrifice bien plus grand!) n'ont pas craint de laisser des taches de sang sur leur mémoire, j'estime que de telles accusations sont de grossières erreurs, ou des calculs mensongers de la contre-révolution que les derniers événements ont définitivement anéantie.

Il n'en est rien, et le peuple l'a bien prouvé, le lendemain de sa victoire, en offrant au monde, par l'abolition de la peine de mort, le spectacle de sa propre magnanimité, selon la belle expression de ce Lamartine, qui réunit en sa personne, exemple unique! tant de gloires diverses, la gloire du poëte, celle de l'historien, celle de l'orateur et de l'homme d'État, de Lamartine qui non-seulement comprend, mais qui aime, qui n'a pas seulement du génie, mais du cœur! — Oui, la liberté a ses périls, mais il en est ainsi de toutes les grandes choses.

Il en est ainsi dans le monde matériel et physique, ainsi dans le monde moral et intellectuel.

Le jour où l'imprimerie fut inventée, des voix s'élevèrent de ces esprits attardés, de ces myopes intellectuels dont je parlais tout à l'heure; on s'écria que c'était là une invention fatale qui donnerait aux mauvaises doctrines les facilités les plus dangereuses pour se répandre et se propager.

Et cependant qui pourrait nier l'immense et heureuse influence de l'imprimerie sur les destinées humaines!

Guttenberg ne fut-il pas, comme l'a dit encore notre Lamartine, le mécanicien d'un monde nouveau?

Quand la force d'expansion et de condensation de la vapeur fut appliquée à l'industrie, à la navigation, aux chemins de fer, il y eut aussi des hommes qui s'écrièrent que les machines réduiraient à la faim, à la misère, les ouvriers dépourvus de travail, que la vapeur employée comme force locomotrice sur les bâtiments et sur les voies de fer, causerait d'effroyables désastres, que ses explosions tueraient les passagers et les voyageurs; et parce que la vapeur par sa force immense, difficile à régler, pouvait présenter de graves périls, ils nièrent jusqu'à ses bienfaits ou cherchèrent à en amoindrir la valeur.

Ils sont de la même école ceux qui ont peur de la liberté.

La liberté aussi est une force immense, difficile à régler.

Elle aussi, si je puis dire, a ses explosions !

Il est arrivé parfois qu'elle a tué ses défenseurs et ses apôtres, comme il est arrivé que la vapeur a tué ceux mêmes qui cherchaient à la diriger.

C'est précisément le travail des temps modernes d'utiliser et de modérer, sans les affaiblir, toutes les grandes forces motrices de la civilisation, liberté d'association, liberté d'enseignement, liberté de la presse.

C'est notre œuvre à nous, hommes du XIXe siècle, et si dans ce rude labeur nous avons des dangers à craindre, si cette conquête des droits et des libertés est périlleuse, si elle doit avoir encore ses champs de bataille; et si elle fait de nouvelles victimes qu'il faudra pleurer, soyons assurés qu'en léguant aux générations futures le précieux héritage que nous aurons arrosé de nos sueurs et peut-être de notre sang, après avoir gardé pour nous tous les périls de l'œuvre à accomplir: nous aurons du moins quelques droits à la reconnaissance de la postérité, et tous les défenseurs de la cause démocratique, les plus ignorés, les plus justement inconnus d'entre eux, recueilleront un peu de la gloire que leurs combats auront méritée.

Pour moi, j'estime que lorsqu'on sert une cause qui se résume en ces trois mots : LIBERTÉ, ÉGALITÉ, FRATERNITÉ, un peu d'orgueil et de fierté sont permis, et si je puis lui être utile en mon obscurité, je ne veux d'autre récompense que l'inscription sur ma tombe de notre devise républicaine acompagnée de ces mots : *Il a aimé et défendu ces grands principes.*

Ernest PERROT DE CHEZELLES.

Mars 1848.

PARIS. — IMPRIMERIE CLAYE ET TAILLEFER
rue Saint-Benoît, 7.